El poder de esperar

LAS ESTRATEGIAS
DE AUTODISCIPLINA
MÁS IMPORTANTES
REVELADAS.

GONZALO HERNÁN

Términos y condiciones

Le animamos a que imprima este libro para facilitar su lectura.

Tabla de contenidos

Prólogo

Para recibir la mayor gratificación posible de algo, primero debemos aprender a mantener las recompensas instantáneas. Esto puede parecer una tarea difícil de llevar a cabo para muchas personas. Con un poco de práctica y el uso de estos útiles pasos, la espera del gran premio se convertirá en un paseo por el parque.

Lograr un gran avance usando la gratificación retrasada

Las estrategias de autodisciplina más importantes reveladas

Capítulo 1:

Introducción

Sinopsis

El principio de la gratificación retrasada es algo que podemos aplicar a casi todo en nuestras vidas. Cuanto más rara es una cosa en particular, y cuanto más esperamos el placer de obtenerla finalmente, más agradable es cuando la recibimos.

Establecer limitaciones a sus deseos

En el mundo en el que vivimos la mayoría de la gente no puede esperar a la mayor recompensa retrasada y elige la recompensa instantánea en su lugar. Casi todos los placeres que se te ocurren están disponibles en cualquier momento. ¿Quieres ver una película? Está disponible para ti con un clic del ratón. ¿Quieres probar la comida china? Puedes pedirla para entrega inmediata a través de cualquier restaurante de 24 horas. ¿Quieres comprar un nuevo álbum de rock después de la medianoche sin ir a la tienda? Simplemente encuéntralo en Spotify, Youtube, Amazon o iTunes y/o cómpralo en línea. ¿Quieres hablar un rato? Llama a un amigo o envía un Whatsapp de texto a la persona.

Este es el momento de los placeres instantáneos. Todo lo que quieras se te proporciona al instante para tu placer.

Nadie te va a impedir hacer algo que quieras hacer al instante, y todo depende de ti ya que eres el encargado de controlar el flujo de tu vida. Tú controlas cuando quieres algo y si quieres esperar por algo más grande y mejor. Eres el único que puede poner límites a tu placer y no es porque tengas que dibujar las líneas, sino porque quieres apreciarlo para un mejor momento. Una vez fue parte de la iniciativa social y ahora es tu elección personal tomar decisiones por ti mismo.

Ahora llega la pregunta, ¿por qué esperar en lugar de recibir las recompensas instantáneas? La respuesta es simple: para maximizar tu propio placer y felicidad.

Capítulo 2:

La importancia de la autodisciplina

Sinopsis

Es bastante obvio que estamos discutiendo sobre el tema de la negación del placer propio aquí, que es una palabra muy fuerte en el mundo de la psicología y a veces se compara con "sacrificio" y tal vez te haga sentir sofocado cuando lo piensas de esta manera. Este sentimiento es natural ya que ¿por qué te negarías a ti mismo de cualquier tipo de placer?

Tiene fuerza de voluntad

Los pequeños placeres a veces son más importantes que los grandes placeres. Por ejemplo, para cualquier persona algo dulce como un brownie es un deseo, pero si estás en una dieta estricta, las pequeñas cosas parecen mucho más y empiezas a apreciarlas más. Si te tomas un descanso de las grandes recompensas, recuperas la capacidad de apreciar las pequeñas recompensas que recibes en la vida diaria. Es importante que también aprecies las pequeñas cosas.

Cuando niegas un placer instantáneo para recibir algo más grande más tarde, y obtienes lo que quieres después de la espera, es muy posible que te des cuenta de que no lo necesitabas después de todo. Por ejemplo, piensas que necesitas un nuevo portátil y en lugar de comprarlo inmediatamente esperas un par de meses y luego te das cuenta de que tu viejo portátil funciona perfectamente y no necesitas uno nuevo.

Te inspira a valorar las cosas:

Después de los meses de espera, si todavía quieres ese objeto en particular que querías comprar, entonces consíguelo. Esperar a conseguirlo te hace apreciarlo más, lo que hará que lo cuides mejor. Como tus padres solían decir todo el tiempo... si compras algo tú mismo lo cuidas mejor. Si has ahorrado tu dinero durante bastante tiempo para comprar un nuevo portátil, es probable que hagas cualquier cosa para asegurarte de que dure el mayor tiempo posible. La gratificación tardía nos da la sensación de ganar un placer y esta sensación nos hace desearlo aún más y como resultado hacemos cualquier cosa para evitar que se desperdicie. Esto nos lleva a la siguiente ventaja.

Te da plena satisfacción y no te hace sentir culpable:

¿Alguna vez has comprado algo que deseabas, pero no pudiste comprarlo de inmediato y tuviste que ahorrar dinero para ello? El placer que recibes cuando finalmente compras ese objeto después de toda la espera y los esfuerzos se incrementa considerablemente. Además, la espera también asegura que no haya culpa después por tomar una decisión instantánea de comprar la cosa de inmediato sin repensarla. Esta culpa habría hecho difícil que usted disfrutara plenamente del placer si hubiera comprado el objeto al instante.

Pero cuando esperas a que llegue un placer y haces esfuerzos por él, el placer es enteramente tuyo y no hay segundos pensamientos que causen culpa o arrepentimiento. Cuando hayas ahorrado dinero para un nuevo iPhone puedes comprarlo en cualquier momento sin preocuparte por la culpa.

Permítase experimentar la vida profundamente:

Te pierdes algunas cosas cuando no compras cosas al instante. Pero la gratificación tardía se basa en el sacrificio y en negar las cosas que te impiden tener mayores placeres. Esto es lo que necesitas pensar y creer.

Siempre me pregunto, "¿A qué voy a renunciar ahora?" Porque quiero

para sentir. -Jim Carrey

Es difícil de ver pero el verdadero placer viene sólo después de la espera, cuando sabes que realmente lo quieres y has hecho esfuerzos por ello.

La única cosa que todo el mundo quiere es sentir placer. No necesariamente algo grande, sino sentir algo real, y sentirlo profundamente. La mayoría de las cosas que hacemos socialmente están generalmente dirigidas a sentir algo que queremos, no importa si es bueno o malo; sólo queremos sentirlo. Incluso si estamos haciendo algo malo, la sensación sigue siendo agradable en algún nivel.

Pero en lugar de crear situaciones incómodas y hacer cosas estúpidas, también puedes poner tu tiempo y esfuerzo en hacer algo mejor, como aumentar la anticipación de un placer particular dejándolo para más adelante.

Normalmente consideramos el hambre como algo malo y la saciedad como algo bueno. Pero cada uno de estos dos estados tiene su propio valor para nosotros. Para disfrutar de nuestra comida y la sensación de saciedad necesitamos sentir hambre a veces. Para sentir la vida en su totalidad necesitamos sentir tanto la sensación de "tener algo" como la de "no tener ese algo". Si siempre tienes todo lo que deseas, entonces te pierdes los placeres que obtienes al ganar algo que realmente quieres.

Todo el mundo necesita encontrar las formas de controlar sus propios deseos. Toda persona debe tener la habilidad de controlar sus deseos en vez de permitir que los deseos lo controlen a ella y a sus acciones. La persona es el amo de sus deseos y debe actuar de manera similar. El retraso en sus placeres le da la confianza de tener el control de sus deseos. La disciplina es como cualquier músculo de tu cuerpo y para hacerlo más fuerte necesitas ejercitarlo regularmente.

"La libertad no se obtiene por un disfrute completo de lo que se desea, sino controlando ese deseo". -Epictetus

Maximizar el placer y la felicidad:

Probablemente has escuchado mil veces antes en las letras de las canciones o en los libros espirituales, que no es el destino lo que te hace feliz sino que es el viaje lo que hace que el destino valga la pena. Y esto es cierto en su totalidad.

La investigación científica muestra que nuestro cerebro se siente más feliz mientras avanzamos en la dirección de nuestro objetivo deseado que cuando realmente alcanzamos nuestro objetivo. Esto puede sonar raro, pero si lo piensas detenidamente es todo cierto. El espíritu de la Navidad se desarrolla por los meses de espera y anticipación. Todos hemos estado en las situaciones en las que trabajamos muy duro para lograr algo grande y cuando finalmente logramos ese algo sentimos que algo falta en él y entonces nos damos cuenta de que el viaje fue la mejor parte.

Uno de los ejemplos más detallados y auto-explicativos de ello se puede ver en un estudio que se realizó para analizar el estado mental de los empleados con respecto a las vacaciones. La investigación mostró que incluso después de tener unas buenas y relajantes vacaciones, el nivel de felicidad de los empleados volvió a su nivel general en menos de dos semanas. El mayor impulso en la felicidad de los mismos empleados se observó mientras se anticipaban a las vacaciones. Esta investigación demostró por métodos científicos que la anticipación le da más felicidad que la meta misma. Basándose en esta teoría e investigación se recomienda a las personas que tomen un número de vacaciones cortas en lugar de invocar todas sus vacaciones en una sola vacaciones largas. De esta manera el número total de vacaciones permanece igual, pero aumenta el número de días que pasas felizmente anticipando las vacaciones.

Retrasar la gratificación también aumenta el valor del placer que obtienes de ella. Por ejemplo, si sigues una dieta durante mucho tiempo y luego pides un brownie no hay forma de que no puedas disfrutarlo. La espera funciona como la mayor especia de tu comida.

Para ser claros, esto no se aplica sólo a la comida. También es el caso en las relaciones, cuando estás lejos de tu pareja por un tiempo quieres que te devuelvan mucho más. Esto es común en las parejas que se toman un descanso de las relaciones justo antes de las bodas para aumentar la anticipación y esperar el gran día.

Así que no importa lo que desees, siempre puedes usar la gratificación retrasada para aumentar la cantidad de placer y felicidad construyendo la anticipación.

Todo el mundo tiene el poder de controlar su voluntad para recibir las mayores recompensas. La clave es usar este poder de voluntad sabiamente para sacar el máximo provecho de cada situación. La gratificación retardada te da la habilidad de disfrutar cualquier evento o placer al máximo y aumenta la alegría y felicidad involucrada con los objetivos de tu vida.

Capítulo 3:

Asegúrate de que te entiendes a ti mismo y lo que quieres

Sinopsis

Las generaciones anteriores tenían un equilibrio entre la gratificación tardía y las recompensas inmediatas. La tecnología funciona como una herramienta para hacernos habituales a los resultados y resultados instantáneos. Una generación antes que nosotros, la gente no tenía todas estas cosas como teléfonos e Internet. No podían llamar a alguien y preguntarle algo, en cambio tenían que escribir cartas y esperar días e incluso semanas para una simple respuesta. La gente tenía la capacidad de controlar su fuerza de voluntad y la paciencia era fácil de encontrar en la gente y también sabían cómo valorar la importancia del trabajo duro. La gratificación tardía les permitía apreciar los momentos importantes de la vida y cómo alcanzar sus objetivos.

Tengan paciencia

Hoy en día la tecnología ha arruinado nuestra capacidad de esperar por algo. No podemos esperar ni siquiera 5 minutos para obtener una respuesta y es casi imposible para nosotros imaginarnos esperando una semana por una respuesta. Algunos podrían decir que ahora somos adictos a las plataformas de medios sociales y a la última tecnología, mientras que otros dicen que ahora somos completamente confiables a las nuevas tendencias que estas tecnologías nos dan. Un Smartphone sin acceso a Internet o Wi-Fi no sería tan adictivo y lo mismo ocurre con Facebook sin amigos.

Con esta creciente influencia de la tecnología siempre estamos apurados. Hacemos todo apresuradamente y hacemos todo lo posible para obtener las cosas que queremos rápidamente. Nos estamos volviendo adictos al estilo de vida que ofrecen los avances tecnológicos y los medios sociales. Revisamos nuestra cuenta de Facebook o Instagram constantemente para ver si alguien ha publicado algo, aunque la mayoría de ellos son personas con las que rara vez hablamos en la vida real. Buscamos la atención y la validación de la gente mientras sabemos que los demás están buscando lo mismo. Lo hacemos por medio de la subida de una foto o de la publicación de un estatus mientras que en realidad nadie quiere compartir su vida contigo, sólo están fingiendo que se lo están pasando bien y lo publican para hacer que los demás les envidien y para empeorar las cosas, todos caemos en la trampa.

Es una de las razones por las que vivimos la vida de una manera típica e instantánea en lugar de planear las cosas buenas. La tecnología nos ha hecho creer que podemos tener una vida fácil y soluciones rápidas para todo. También hemos reemplazado la gramática en nuestros mensajes y ahora escribimos mensajes cortos porque necesitamos respuestas instantáneas.

Debido a nuestra práctica de la gratificación instantánea nos estamos precipitando en las cosas importantes de la vida que deberíamos haber apreciado y estamos retrasando las cosas que más necesitamos. Ponemos excusas para evitar las cosas importantes para disfrutar del placer inmediato.

Con la gratificación instantánea, se obtiene la recompensa demasiado pronto. Cuando lo haces te pierdes la parte en la que te motivas a invertir tu tiempo y esfuerzos para ganar algo más grande en el futuro. Esto se puede comparar con tu cuenta de correo electrónico, donde si te quedas como una persona practicante de la gratificación instantánea revisarías tus correos electrónicos constantemente y por lo tanto te encontrarás con "cero nuevas recompensas" la mayor parte del tiempo. Alguien que practica la gratificación retrasada evitaría esto y eso también le da la sensación de que tiene el control de las cosas y no necesita vivir la vida con prisas. La práctica también le da un colchón financiero de seguridad cada vez que hay nuevos problemas que manejar, y puede tomar mayores riesgos basados en este ahorro suyo. La clave es tener muchas recompensas esperando a que seas aceptado y esto es lo que te da la confianza para lograr mayores recompensas. Puedes invertir tus recompensas con mayores esfuerzos para ganar mucho más en el futuro.

De alguna manera, puedes entender el concepto de gratificación retrasada como una gratificación inmediata que guardas y aprecias para un tiempo posterior para hacerla más agradable y apropiada. Cuando retrasas una recompensa disponible, aceptas que puedes trabajar sin esta recompensa por ahora y la guardas para más adelante cuando sea más beneficiosa para ti. Puedes notar a tu alrededor que las personas más exitosas y respetadas de la sociedad son las que practican la gratificación retrasada y tienen muchas recompensas almacenadas para ellos en el futuro cercano.

Capítulo 4:

Desarrollar la conciencia

Sinopsis

Si lo piensas, la gratificación retrasada es algo que no podemos aprender naturalmente en estos días, y parece algo de los viejos tiempos. Las nuevas tecnologías que nos rodean nos hacen ansiosos por obtener las cosas que queremos de inmediato. Cosas como tarjetas de crédito, teléfonos inteligentes, correo electrónico e Internet están debilitando nuestra capacidad de esperar por algo.

Sea consciente

La tecnología actual nos hace creer que la espera es anticuada. Podemos comprar cualquier cosa ahora con un solo clic. Nuestra forma de pensar ha cambiado completamente y ahora creemos que podemos conseguir todo en el momento en que lo queremos. Extrañamente, incluso este concepto tiene sus desventajas y riesgos. Este hábito reduce la capacidad de los humanos para esperar algo y la fuerza de voluntad de una persona.

La razón básica por la que la mayoría de la gente no aplica la gratificación retrasada en su vida cotidiana para lograr sus objetivos es porque el concepto se basa en la práctica del autocontrol, que requiere la capacidad de controlar el flujo de la voluntad de uno. Pero si lo miras de cerca, hay diferencias en los conceptos de autocontrol y gratificación retrasada. Con la gratificación retrasada sólo controlas tu voluntad para negar algún placer para un tiempo posterior para aumentar la alegría y la felicidad de conseguirlo sin ninguna culpa mientras que en el concepto de autocontrol controlas tu fuerza de voluntad para aprender a ignorar un placer particular en la vida.

Hay una serie de ventajas en la práctica de los conceptos de gratificación retrasada y tiene la capacidad de hacer algunos grandes impactos positivos en tu carrera y en tu vida. Si llegas a saber lo importante y útil que es, lo más probable es que te esfuerces y dediques tiempo a practicarlo para obtener los de él.

Hay una belleza con el placer que conlleva la gratificación retrasada que es increíblemente difícil de poner en palabras. Lo que siempre quisiste y esperaste por tanto tiempo te da mucha más felicidad de la que podrías haber recibido al obtenerlo al instante. La anticipación y los esfuerzos que haces para conseguirlo te dan la alegría que te has ganado al hacerlo por ti mismo. Siempre disfrutas más de salir con tus amigos cuando no hay trabajo pendiente al que volver. La experiencia que obtenemos de toda la espera y la anticipación hace que todo el evento sea más agradable y memorable de lo que podrías soñar.

Con el tiempo, obtienes más alegría de la gratificación retrasada que las recompensas instantáneas que podrías haber recibido. No parece que sea así al principio, ya que la mayoría de la gente no mira realmente hacia el gran cuadro y el futuro brillante. La práctica de este concepto te da grandes beneficios en todos los aspectos de la vida y te permite alcanzar grandes éxitos con tus metas.

¿Qué gratificación instantánea nos dice?

Aunque la gratificación instantánea es practicada por la mayoría de la gente, tiene sus desventajas. En primer lugar, nos permite creer que no tenemos que trabajar duro para conseguir lo que queremos y también nos quita de la cabeza las cosas que son importantes para nosotros y como resultado no valoramos estas cosas.

Juego...

El juego es uno de los mayores ejemplos de gratificación instantánea. Escoges algunas cartas, apuestas algo de dinero y después de tirar algunos dados ganas un montón de dinero.

A veces la gente gana mucho dinero en las apuestas, pero como puedes ver, es muy probable que usen el mismo dinero para apostar de nuevo. Todos sabemos lo que pasa al final del juego. Vuelven a casa con poco dinero o pierden más de lo que ganaron. ¿Por qué? Porque no había trabajo duro detrás de la ganancia y la persona valora el dinero lo suficiente y lo usa para seguir apostando.

Ahora imagina a alguien que está ahorrando dinero para una cosa en particular o un sueño de toda la vida. ¿Crees que alguien que está ahorrando dinero le daría menos importancia al dinero? No, gastaría su dinero cuidadosamente de acuerdo a un plan y prestaría mucha atención a cómo está usando el dinero porque dio su tiempo y esfuerzos para ahorrar este dinero y retrasó su impulso de comprar algo inmediatamente para asegurarse de que lo usa sabiamente.

Las personas que practican la gratificación instantánea hacen la teoría de que se pueden obtener grandes recompensas con poca cantidad de trabajo. Y este es el pensamiento que les impide alcanzar mayores recompensas. Este pensamiento tiene un gran impacto en la práctica de la gente durante toda su vida.

Comer comida chatarra en lugar de cocinar comida sana para ti resulta en una mayor probabilidad de enfermedades cardíacas y diabetes. Si sólo completas el trabajo asignado sin calidad en el trabajo para obtener el salario del mes, entonces puedes tenerlo pero también pierdes la oportunidad de obtener algún reconocimiento y posibles promociones o aumentos de salario.

Mientras que por otro lado, la gente que practica la gratificación retrasada conoce el valor del trabajo duro y las altas recompensas. Y si comparas los estilos de vida similares de nuevo, puedes ver que elegirán cocinar comidas saludables para ellos mismos en lugar de comer todos los días en algún antro de comida rápida para mantenerse sanos. La gente que practica la gratificación retrasada trabajaría duro en sus trabajos para obtener mayores salarios y posibles promociones.

Al retrasar las recompensas también aprenden a valorar el resultado de la espera ya que han hecho tantos esfuerzos y han esperado tanto tiempo por ello. Por eso sabes que el resultado, debería valer la pena toda esta espera y esfuerzo.

Por ejemplo, imagina a un niño que compró un teléfono nuevo con sus propios ahorros y a otro niño que recibió el mismo teléfono de sus padres. El primer niño se asegurará de cuidar bien su teléfono mientras que al segundo niño no le importa en absoluto. Ahora podemos asumir fácilmente que quién va a cuidar mejor de su teléfono.

La persona que practica la gratificación retrasada toma en serio el resultado de cualquier evento y valora el resultado como el mejor de la manera posible. Por lo tanto, al recibir su cheque de pago, en lugar de gastar el dinero en cosas al azar que parecen importantes momentáneamente, se ahorra el dinero para un evento más grande. Y en algún momento de esa semana te darás cuenta de que la primera cosa en la que pensaste en gastar el dinero ni siquiera valía la pena comprarla. Ahora bien, como no tomaste ninguna decisión estúpida con el dinero de tu sueldo, muy pronto te encontrarás con una gran cantidad de dinero para hacer algo significativo. Incluso puedes llevar esta tardía gratificación un paso adelante invirtiendo el dinero en algo como bonos, cuentas bancarias, acciones del mercado de valores, etc.

Ahora puedes ver los beneficios que obtienes cuando empiezas a practicar la gratificación retrasada. Y todo lo que se requería era dar un paso atrás de los árboles para ver el panorama general. Las recompensas instantáneas te impiden ver más allá en el futuro y sólo puedes ver las cosas que están disponibles en ese momento, mientras que la gratificación retrasada te permite ver a través de todas las posibilidades y elegir la mejor posible. También te permite ver cómo cada acción que tomes va a contribuir a tu camino para alcanzar la meta deseada. La misma práctica también te ayuda a mejorar la calidad de tus acciones en todos los aspectos de la vida.

Una vez que empiezas con la gratificación retrasada descubres que nunca fue realmente tan difícil de aplicar y posees todo lo que necesitas para dejar atrás el afecto por la gratificación inmediata porque sabemos muy bien que todo lo que vale la pena tener en este mundo viene con el esfuerzo.

Capítulo 5:

Aprender a comprometerse

Sinopsis

Una de las cosas más difíciles de hacer es retrasar las recompensas o placeres instantáneos. En los tiempos actuales, en nuestra sociedad queremos conseguir todo lo que es bueno y más que eso queremos todo de inmediato y mientras hacemos esto rara vez pensamos en su impacto futuro sobre nuestras vidas. La actitud hacia esto se desarrolla en una edad temprana cuando como niño queremos todo de inmediato y nuestros padres a menudo no nos lo dan para enseñarnos cómo controlar nuestros deseos. Sin embargo, la capacidad de controlar nuestros deseos a largo plazo para lograr mayores recompensas contribuye en gran medida al éxito de nuestras vidas. Y esta habilidad tiene su impacto en todos los aspectos relacionados con nuestras vidas.

Comprometerse a ello

La primera investigación destacada sobre la gratificación retardada fue realizada por un psicólogo llamado Walter Mischel como una prueba de malvavisco en Stanford. Para la prueba, Walter realizó una prueba en un grupo de niños de 4 años y les dio un malvavisco y les ofreció que se lo comieran de inmediato o si esperaban unos minutos les darían dos malvaviscos. Algunos de los niños se comieron el malvavisco de inmediato, mientras que muchos pudieron mantener el control de su deseo durante el período de tiempo dado. En años posteriores, Mischel siguió los registros académicos y de comportamiento de todos los niños involucrados en el experimento y descubrió que los niños que podían esperar varios minutos antes de comer su malvavisco eran significativamente más auto-motivados, tenían mejores registros académicos y tenían un mayor nivel de inteligencia. Mientras que los otros niños que comieron el malvavisco de inmediato se observó que tenían niveles más bajos de autoestima y tenían problemas con la escuela, y eran más tercos de lo habitual.

Este experimento puso de manifiesto que existe una conexión muy fuerte entre la capacidad de una persona para retrasar las recompensas instantáneas y el éxito en sus objetivos. Cuanto antes aprenda una persona la importancia de la gratificación retrasada, mejor estará con la vida. Sin embargo, siempre puede empezar con los ejercicios para controlar su capacidad de controlar su voluntad.

A continuación se ofrecen algunos consejos útiles para que se ayude a sí mismo en todo el proceso:

1.   Tome decisiones por adelantado y apéguese a ellas: Cuando tomes una decisión sobre algo debes escribirla en un papel. Intente escribir los detalles junto con ella, junto con el resultado que espera de ella. Es muy difícil negar algo que quieres en primer lugar y mantener la misma decisión durante mucho tiempo también es difícil. Para evitar este problema tienes que hacer un dibujo limpio de toda la situación que tienes delante mientras tomas una decisión y mantener tus decisiones por escrito siempre ayuda a ese propósito.

2.   Conocer el valor de algo importante: Puedes evitar las recompensas instantáneas sólo si conoces la importancia exacta de algo en tu vida. Necesitas saber qué cosas son más importantes para ti y qué necesita ser valorado. En todo este escenario, la satisfacción es lo más importante y necesitas evaluarla claramente. Si quieres un coche nuevo para ti o estás satisfecho con tu viejo coche que está completamente libre de deudas... Conoce las cosas que quieres más y la satisfacción funcionará como el ingrediente clave para tu felicidad. Si estás perfectamente satisfecho con tu viejo auto libre de deudas, no hay nada más que desear, y puedes mantener tus pensamientos para un auto nuevo en espera.

3.   Planearlo todo: Tener cada detalle de tu vida planeado por adelantado no es algo que queramos, pero cuando se trata de tus metas y pasiones, necesitas planear tu camino para llegar allí. Necesitas hacer un plan sobre tu crédito y finanzas para comprar algo caro, necesitas planear tu camino profesional para conseguir la excelencia en tu carrera y alcanzar la meta. Si sigues tu deseo a través de un método planificado, puedes evitar fácilmente el impulso de conformarte con las recompensas inmediatas y avanzar hacia tus metas de manera más efectiva. Con un plan, todo lo que haces va en la dirección correcta y puedes evaluar lo que necesitas hacer para alcanzar tus objetivos.

4.   Establezca prioridades: Es muy importante que tengas prioridades claras sobre tus decisiones y deseos. Tienes que hacer que las cosas importantes sean la prioridad para ti y no dejes que nada más se interponga en tu camino. Las prioridades pueden ser financieras o cosas más generales como la universidad antes que el entretenimiento. Tener una visión clara te permite alcanzar tus metas más rápido. Si estás ahorrando dinero para un coche nuevo, entonces no puedes parar por un tiempo e invertir el dinero que tanto te costó ganar en un nuevo portátil mientras tu viejo portátil funciona bien. Esto puede darte una felicidad instantánea pero a largo plazo puedes sentirte culpable por tu decisión.

5.   Establecer objetivos a corto plazo: Lo más difícil de hacer con la gratificación retrasada es esperar la recompensa o la meta.

Cuanto más tiempo pase, más difícil será. Y a veces puede que te apetezca dejar la meta y conformarte con la recompensa inmediata. La clave para controlar tus emociones es mantenerte auto-motivado. Para lograrlo, en lugar de elegir un gran objetivo, puedes dividirlo entre muchas recompensas a corto plazo y celebrar cada vez que alcances cualquiera de estos objetivos. Este truco te mantendrá enfocado hacia la meta y te ayudará a mantenerte motivado.

Conclusión...

Comprender que la disciplina requiere práctica

Retrasar la gratificación es una tarea difícil de hacer, pero como todo lo demás, puedes aprenderlo con el tiempo. Seguir algunos de los consejos mencionados te ayudará en todo el proceso. Mantente motivado y ábrete camino hacia las mayores recompensas y cuando llegues allí te darás cuenta de que la espera y la anticipación valieron la pena todo el tiempo.